Impressum
Verlag: BABADADA GmbH, Nedderfeld 112 , 22529 Hamburg
Geschäftsführer / Verlagsleitung: Harald Hof
Druck: Books on Demand GmbH, In de Tarpen 42, 22848 Norderstedt

Imprint
Publisher: BABADADA GmbH, Nedderfeld 112 , 22529 Hamburg, Germany
Managing Director / Publishing direction: Harald Hof
Print: Books on Demand GmbH, In de Tarpen 42, 22848 Norderstedt

shule

школа

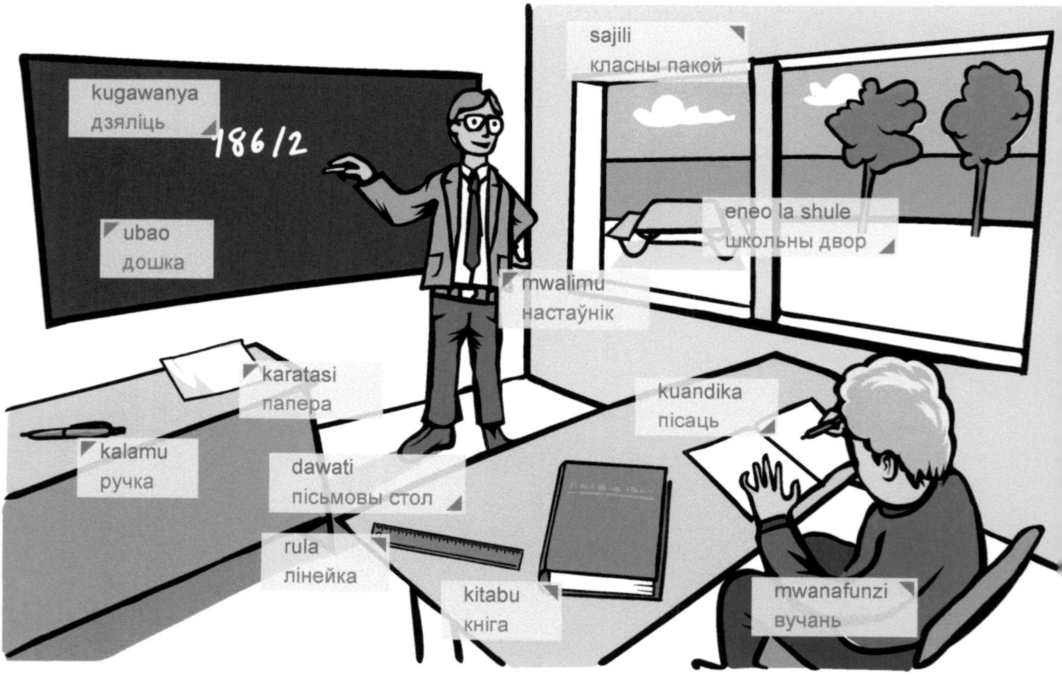

sajili
класны пакой
kugawanya
дзяліць
186/2
ubao
дошка
eneo la shule
школьны двор
mwalimu
настаўнік
karatasi
папера
kuandika
пісаць
kalamu
ручка
dawati
пісьмовы стол
rula
лінейка
kitabu
кніга
mwanafunzi
вучань

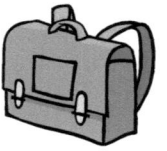

mkoba

ранец

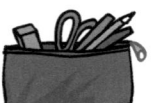

kikasha cha penseli

пенал

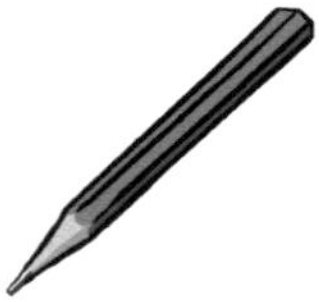

penseli

просты аловак

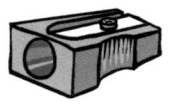

kichonga penseli

тачылка для алоўкаў

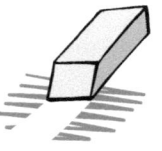

mpira

гумка

pedi ya kuchora

альбом для малявання

uchoraji

малюнак

brashi ya rangi

пэндзлік

sanduku la rangi

фарбы

mkasi

нажніцы

gundi

клей

daftari

сшытак

kazi ya nyumbani

хатняе заданне

nambari

лік

jumlisha

дадаваць

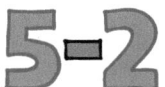

ondoa

адымаць

zidisha

множыць

kokotoa

лічыць

barua

літара

alfabeti

алфавіт

hello

neno

слова

maandishi

тэкст

kusoma

чытаць

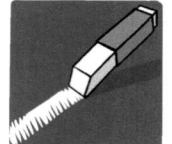

chaki

крэйда

somo

ўрок

sajili

класны журнал

uchunguzi

экзамен

cheti

атэстат

sare za shule

школьная форма

elimu

адукацыя

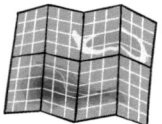

elezo

энцыклапедыя

chuo kikuu

універсітэт

darubini

мікраскоп

ramani

карта

kikapu cha kuweka karatasi chafu

смеццевы кошык

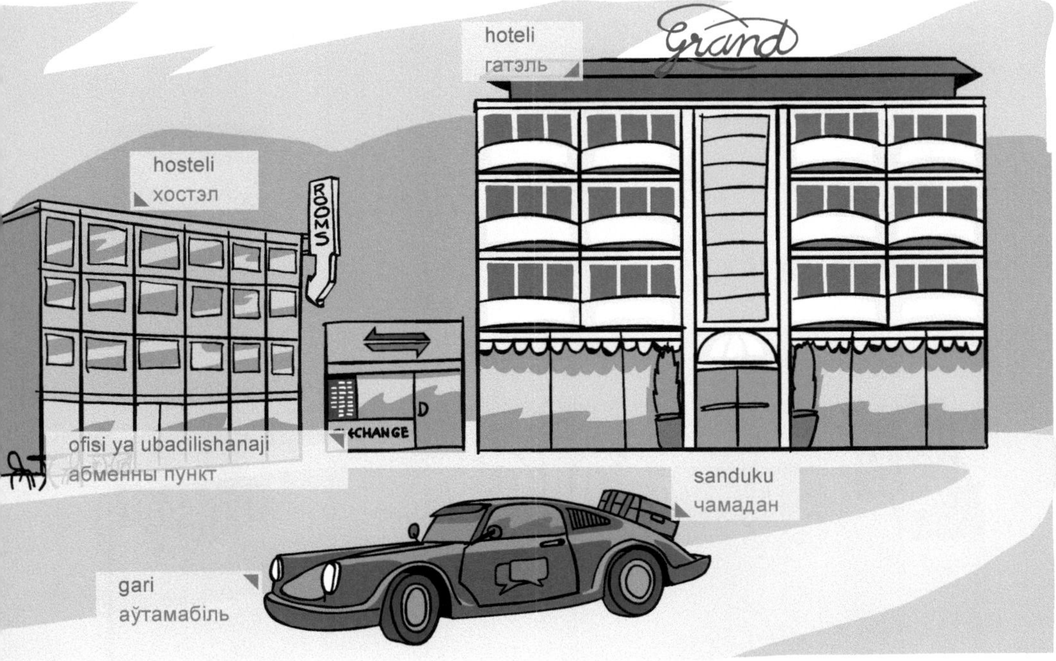

hoteli
гатэль
Grand
hosteli
хостэл
ROOMS
EXCHANGE
ofisi ya ubadilishanaji
абменны пункт
sanduku
чамадан
gari
аўтамабіль

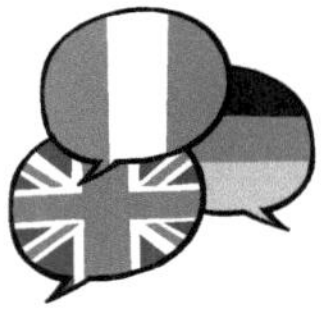

lugha

мова

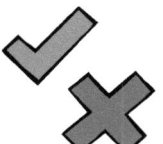

ndiyo / la

так / не

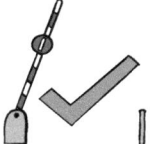

sawa

добра

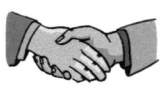

hujambo

прывітанне!

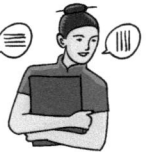

mtafsiri

перакладчык

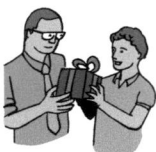

Asante

дзякуй

kiasi gani ni ...?

Колькі каштуе….?

Sielewi

я не разумею

tatizo

праблема

Jioni njema!

Добры вечар!

Habari za asubuhi!

Добрай раніцы!

Usiku mwema!

Дабранач!

kwa heri

да пабачэння

mwelekeo

кірунак

mizigo

багаж

mfuko

сумка

shanta

заплечнік

mgeni

госць

chumba

пакой

begi la kulalia

спальны мяшок

hema

палатка

taarifa ya utalii

нфармацыя для турыстаў

ufuo

пляж

kadi

крэдытная картка

kifunguakinywa

снеданне

chakula cha mchana

абед

chakula cha jioni

вячэра

tiketi

праязны білет

kuinua

ліфт

muhuri

паштовая марка

mpaka

мяжа

mila

мытня

ubalozi

пасольства

visa

віза

pasipoti

пашпарт

ndege
самалёт

meli
карабель

injini ya moto
пажарная машына

basi
аўтобус

lori
грузавік

motaboti
маторная лодка

baiskeli
ровар

gari
аўтамабіль

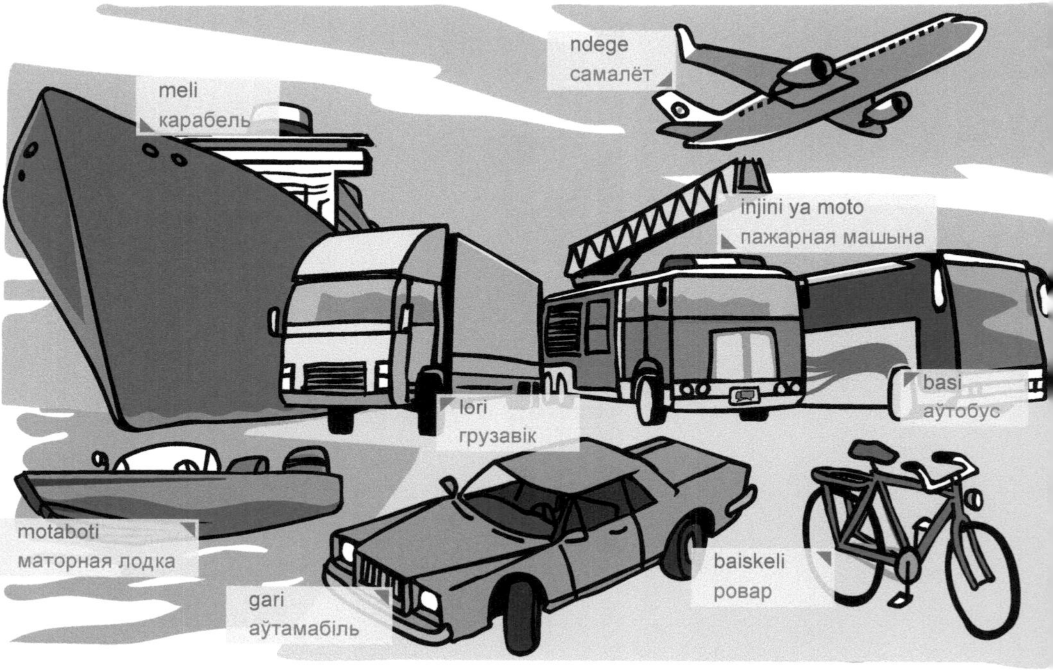

feri

паром

mashua

лодка

pikipiki

матацыкл

gari la polisi

паліцэйская машына

gari la mashindano

гоначны аўтамабіль

gari la kukodisha

арэндаваны аўтамабіль

kushiriki gari

сумеснае карыстанне аўтамабілем

lori la kuvuta

эвакуатар

ukusanyaji taka

смеццявоз

motor

матор

mafuta

паліва

kituo cha mafuta

запраўка

ishara trafiki

дарожны знак

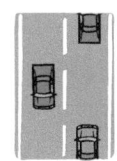

trafiki

дарожны рух

msongamano

затор

maegesho

паркоўка

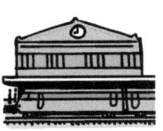

kituo cha treni

чыгуначная станцыя

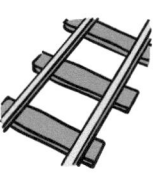

reli

рэйкі

garimoshi

цягнік

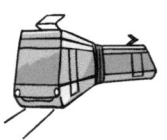

tremu

трамвай

gari la mizigo

вагон

helikopta

верталёт

uwanja wa ndege

аэрапорт

mnara

вежа

abiria

пасажыр

chombo

кантэйнер

katoni

кардонная скрыня

mkokoteni

тачка

kikapu

карзіна

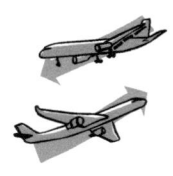

ondoka

ўзлятаць / прызямляцца

jiji

горад

kijiji

вёска

katikati ya jiji

цэнтр горада

nyumba

дом

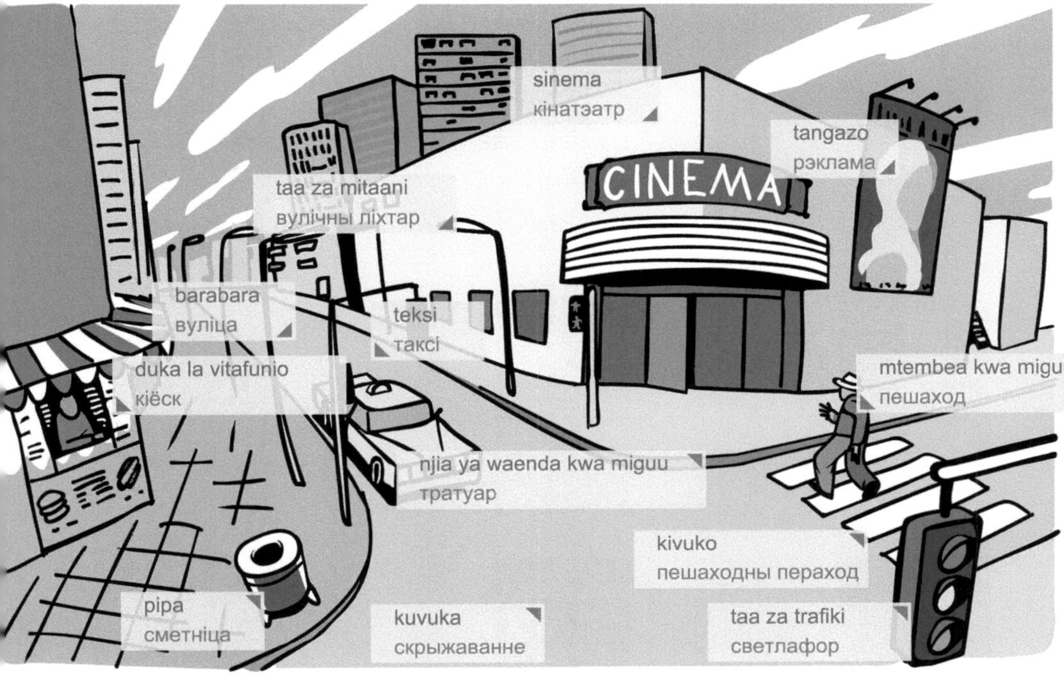

sinema
кінатэатр
CINEMA
tangazo
рэклама
taa za mitaani
вулічны ліхтар
barabara
вуліца
teksi
таксі
duka la vitafunio
кіёск
mtembea kwa migu
пешаход
njia ya waenda kwa miguu
тратуар
kivuko
пешаходны пераход
pipa
сметніца
kuvuka
скрыжаванне
taa za trafiki
светлафор

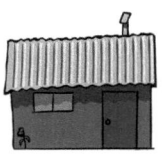

kibanda

халупа

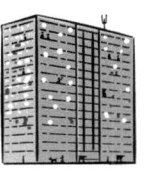

gorofa

кватэра

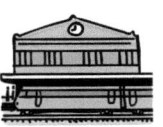

kituo cha treni

чыгуначная станцыя

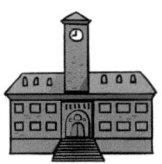

ukumbi wa mji

ратуша

MUSEUM

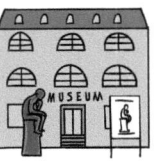

Makavazi

музей

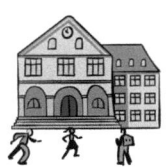

shule

школа

chuo kikuu

універсітэт

benki

банк

hospitali

шпіталь

hoteli

гатэль

duka la dawa

аптэка

ofisi

офіс

duka la kitabu

кнігарня

duka

крама

duka la maua

кветкавая крама

dukakuu

супермаркет

soko

кірмаш

idara ya kuhifadhi

універмаг

mwuza samaki

рыбная крама

kituo cha ununuzi

гандлевы цэнтр

bandari

порт

Hifadhi

парк

benki

лава

daraja

мост

vidato

лесвіца

chini ya ardhi

метро

handaki

тунэль

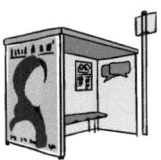

kituo cha mabasi

прыпынак

bar

бар

mgahawa

рэстаран

sanduku la posta

паштовая скрыня

ishara ya barabara

вулічны паказальнік

mita ya maegesho

паркамат

bustani ya wanyama

заапарк

kidimbwi cha kuogelea

басейн

msikiti

мячэць

shamba

сядзіба

uchafuzi

забруджванне
навакольнага асяроддзя

makaburini

могілкі

kanisa

царква

uwanja wa michezo

пляцоўка для гульні

hekalu

храм

mazingira
краявід

jani
ліст

ishara ya mwelekeo
паказальнік

njia
дарога

malisho
луг

jiwe
камень

mtembeaji wa masafa
падарожнік

mti
дрэва

mto
рака

nyasi
трава

ua
кветка

bonde

даліна

kilima

гара

ziwa

возера

msitu

лес

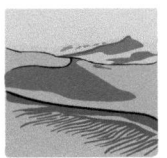

jangwa

пустыня

volkano

вулкан

ngome

замак

upinde wa mvua

вясёлка

uyoga

грыб

mtende

пальма

mbu

камар

kuruka

муха

chungu

мурашка

nyuki

пчала

buibui

павук

mende

жук

chura

жаба

kuchakuro

вавёрка

nungunungu

вожык

sungura

заяц

bundi

сава

ndege

птушка

swan

лебедзь

nguruwe mwitu

дзік

kulungu

алень

aina ya kongoni

лось

bwawa

плаціна

tabo ya upepo

вятрак

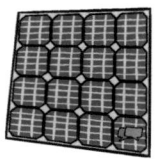

nishaji ya jua

сонечная батарэя

hali ya hewa

клімат

mgahawa

рэстаран

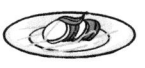

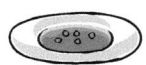

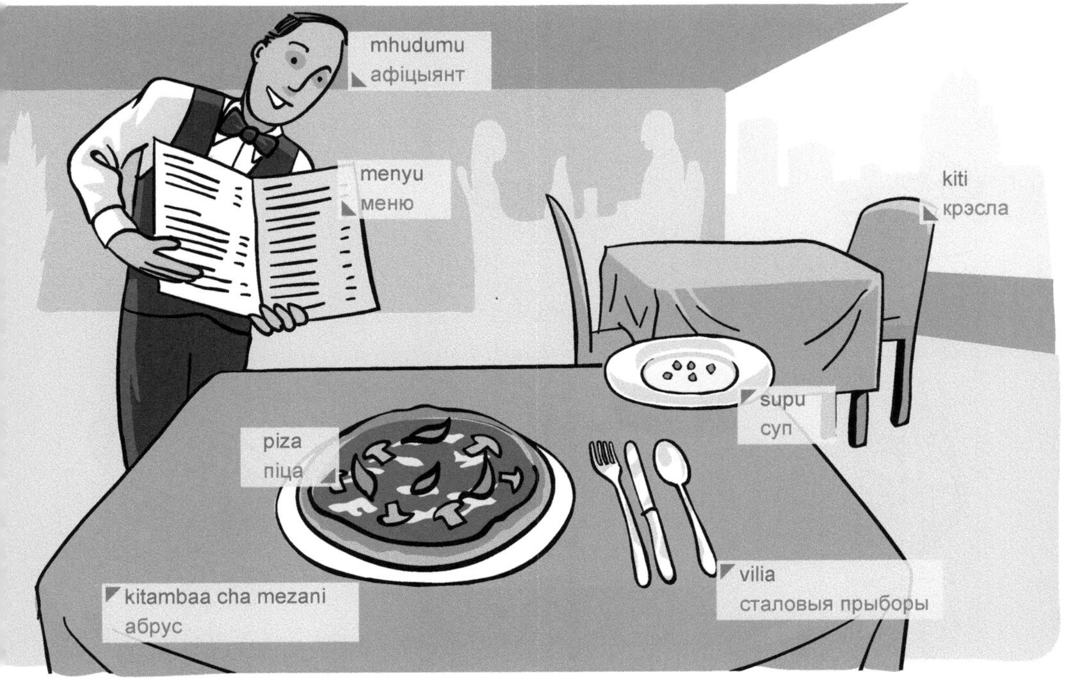
mhudumu
афіцыянт
menyu
меню
kiti
крэсла
supu
суп
piza
піца
vilia
сталовыя прыборы
kitambaa cha mezani
абрус

kiamsha hamu

закуска

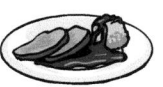

kozi kuu

другая страва

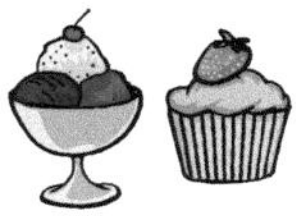

kitindamlo

дэсерт

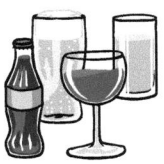

vinywaji

напоі

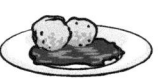

chakula

ежа

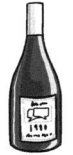

chupa

бутэлька

chakula cha haraka

хуткае харчаванне (фаст-фуд)

Streetfood

стрыт-фуд

buli

імбрык (чайнік)

kisanduku cha sukari

цукарніца

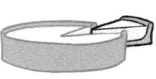

sehemu

порцыя

mashine ya espresso

эспрэса-машына

kiti kirefu

дзіцячае крэселка

muswada

рахунак

trei

паднос

kisu

нож

uma

відэлец

kijiko

лыжка

kijiko cha chai

чайная лыжка

nepi

сурвэтка

glasi

шклянка

18   mgahawa - рэстаран

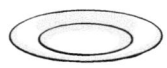

sahani

талерка

sahani ya supu

супавая талерка

sufuria

сподак

mchuzi

соус

kichanyaji chumvi

сальніца

kinu cha pilipili

млынок для перцу

siki

воцат

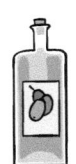

mafuta

алей

viungo

спецыі

kechapu

кетчуп

haradali

гарчыца

kachumbari nzito

маянэз

dukakuu

супермаркет

ofa maalum
акцыя
FOR
mteja
пакупнік
maziwa
малочныя прадукты
matunda
садавіна
toroli
вазок

BUTCHERS

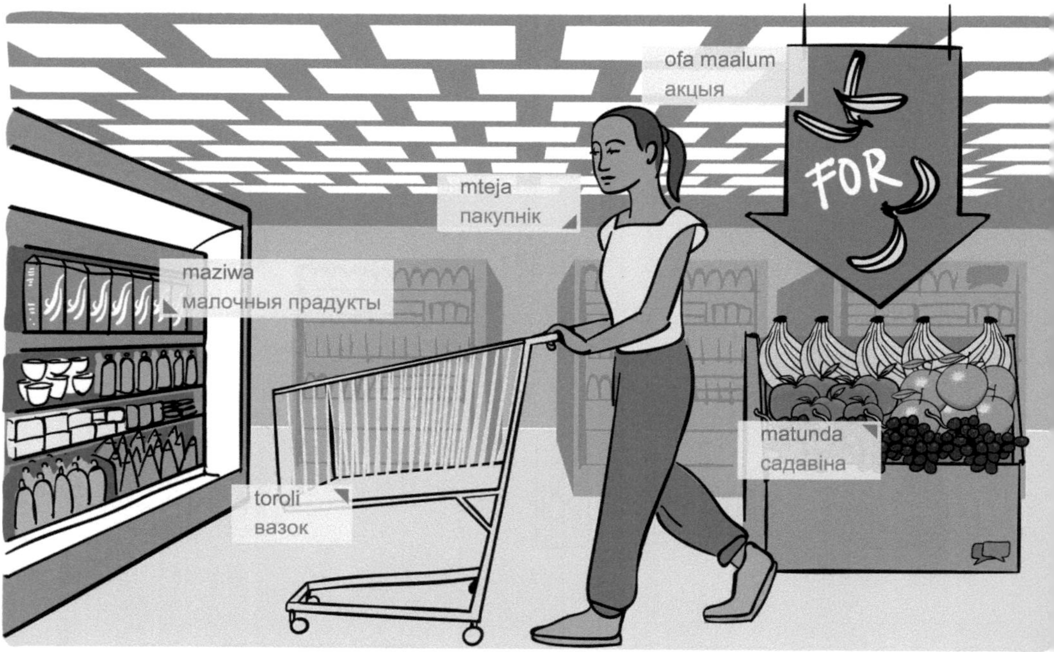

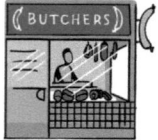

mchinjaji

мясная крама

BAKERY

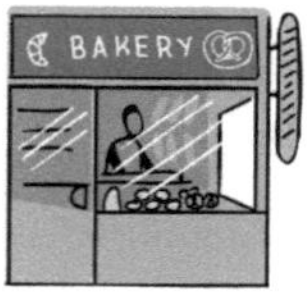

mwokaji

хлебны магазін

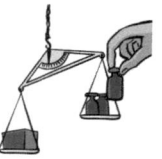

uzito

важыць

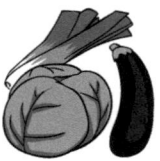

mboga

гароднiна

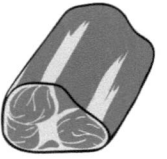

nyama

мяса

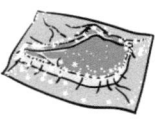

chakula waliohifadhiwa

свежазамарожаныя прадукты

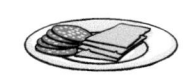

vipande vya nyama baridi

нарэзка

chakula cha kopo

кансервы

sabuni ya unga

пральны парашок

pipi

прысмакі

bidhaa za kaya

хатнія прылады

bidhaa za kusafisha

чысцячы сродак

mtu mauzo

прадавец

mpaka

каса

keshia

касір

orodha ya manunuzi

спіс пакупак

masaa ya ufunguzi

гадзіны працы

mkoba

бумажнік

kadi

крэдытная картка

mfuko

сумка

mfuko wa plastiki

пакет

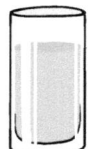

maji

вада

sharubati

сок

maziwa

малако

coke

кола

mvinyo

віно

bia

піва

pombe

алкаголь

kakao

какава

chai

гарбата (чай)

kahawa

кава

spreso

эспрэса

kapuchino

капучына

ndizi

банан

tufaha

яблык

machungwa

апельсін

tikiti

дыня

lemon

лімон

karoti

морква

kitunguu saumu

часнок

mianzi

бамбук

kitunguu

цыбуля

uyoga

грыб

karanga

арэхі

nudo

локшына

spageti

спагеці

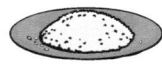

mpunga

рыс

saladi

салата

vibanzi

бульба фры

viazi vya kukaanga

смажаная бульба

piza

піца

hambaga

гамбургер

sandwichi

бутэрброд

kipande

шніцаль

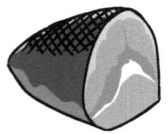

paja la mnyama

вяндліна

salami

салямі

soseji

каўбаса

kuku

курыца

choma

смажаніна

samaki

рыбак

oats ya uji

аўсяныя камякі

muesli

мюслі

cornflakes

кукурузныя шматкі

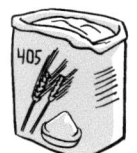

unga

мука

kroisanti

круасан

andazi

булачка

mkate

хлеб

mkate wa kubanika

тост

biskuti

пячэнне

siagi

масла

maziwa mgando

тварог

keki

пірог

yai

яйка

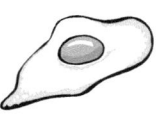

yai kukaanga

яечня

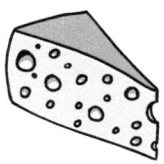

jibini

сыр

aiskrimu

марожанае

sukari

цукар

asali

мёд

jemu

варэнне

kuenea kwa chokoleti

нуга

mchuzi wa viungo

кары

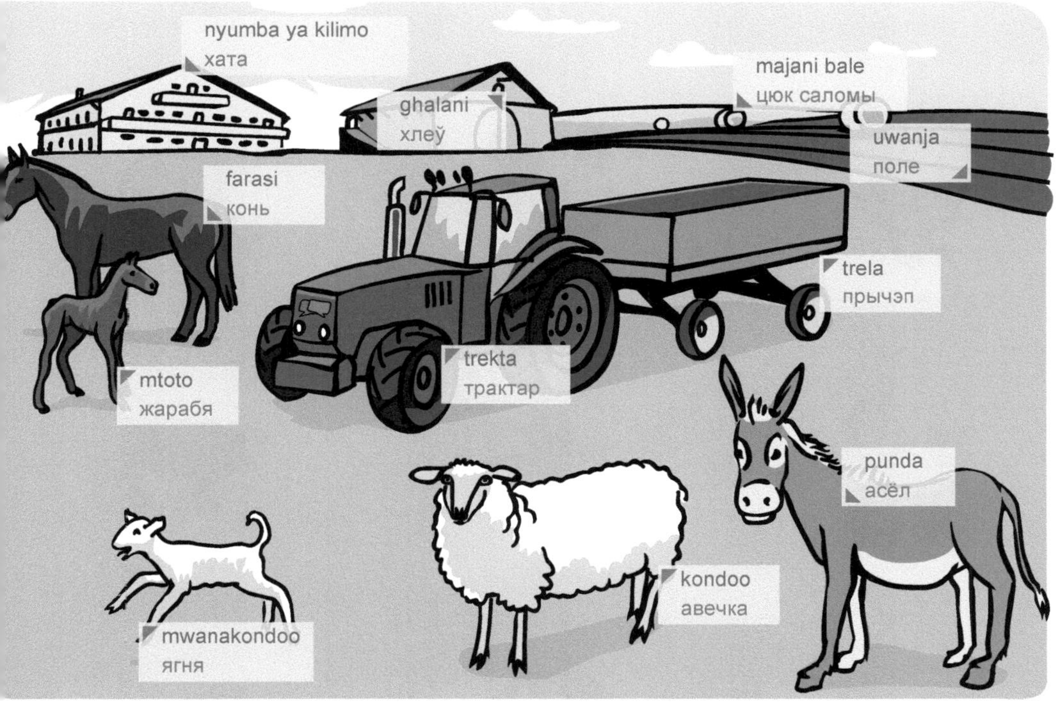

nyumba ya kilimo
хата

majani bale
цюк саломы

ghalani
хлеў

uwanja
поле

farasi
конь

trela
прычэп

mtoto
жарабя

trekta
трактар

punda
асёл

kondoo
авечка

mwanakondoo
ягня

mbuzi

каза

ng'ombe

карова

ndama

цяля

nguruwe

свіння

mwananguruwe

парася

fahali

бык

batabukini

гусак

bata

качка

kifaranga

кураня

kuku

курыца

jogoo

певень

panya

пацук

paka

кот

panya

мыш

ng'ombe

вол

mbwa

сабака

nyumba ya mbwa

сабачая будка

bomba la bustani

садовы шланг

debe la kumwagilia maji

палівачка

fyekeo

каса

kulima

плуг

mundu

серп

jembe

матыка

uma wa nyasi

вілы для гною

shoka

сякера

toroli

тачка

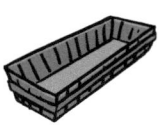

kupitia nyimbo

карыта

chombo cha maziwa

бітон для малака

gunia

мех

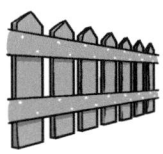

ua

плот

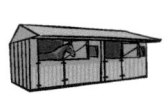

imara

хлеў

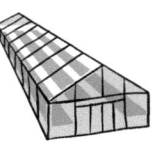

chafu

цяпліца

udongo

глеба

mbegu

насенне

mbolea

угнаенне

kivunaji

камбайн

mavuno

збіраць ураджай

mavuno

ураджай

viazi vikuu

ямс

ngano

пшаніца

soya

соя

viazi

бульба

mahindi

кукуруза

rapa

рапс

mti wa matunda

садовае дрэва

muhogo

маніёк

nafaka

збожжа

nyumba

дом

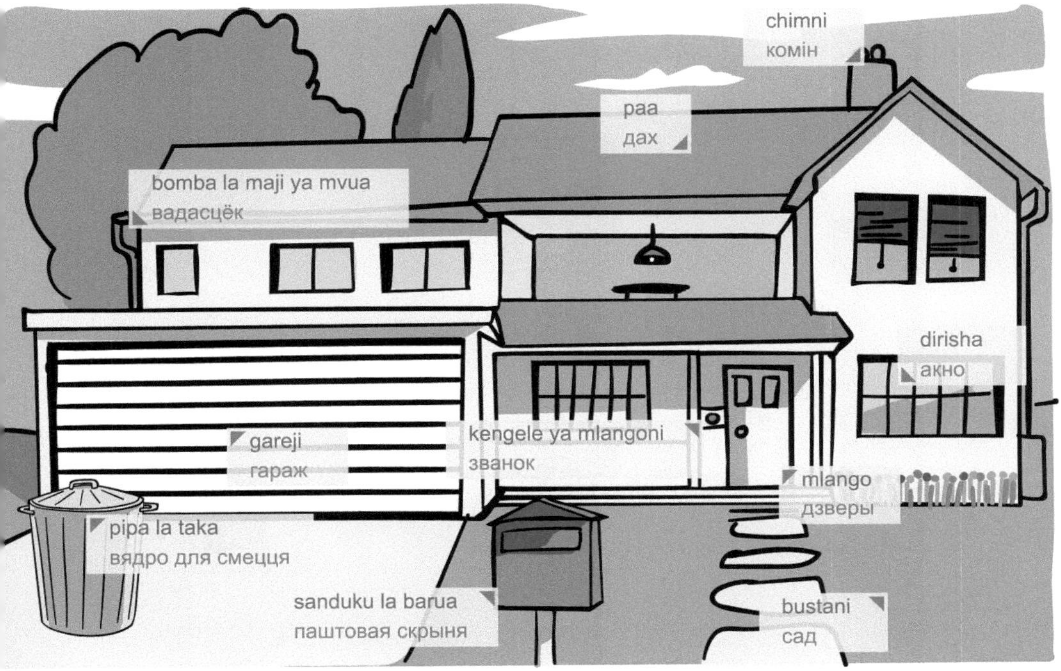

chimni
комін
paa
дах
bomba la maji ya mvua
вадасцёк
dirisha
акно
gareji
гараж
kengele ya mlangoni
званок
mlango
дзверы
pipa la taka
вядро для смецця
sanduku la barua
паштовая скрыня
bustani
сад

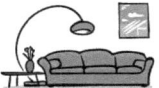

sebuleni

жылы пакой

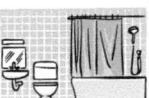

bafu

ванная

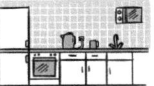

jikoni

кухня

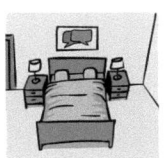

chumba cha kulala

спальны пакой

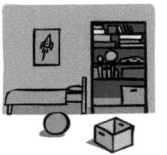

chumba ya mtoto

дзіцячы пакой

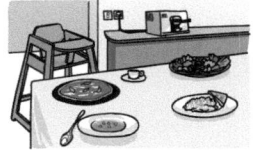

chumba cha kulia

сталоўка

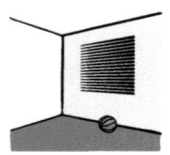

sakafu

падлога

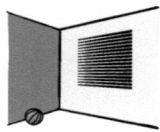

ukuta

сцяна

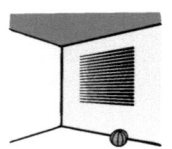

dari

столь

pishi

падвал

sauna

саўна

roshani

балкон

mtaro

тэраса

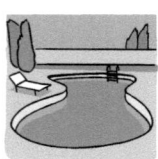

kidimbwi

басейн

mashine ya kukata nyasi

касілка

karatasi

падкоўдранік

kitambaa cha kupamba
kitanda

коўдра

kitanda

ложак

ufagio

венік

ndoo

вядро

kubadili

выключальнік

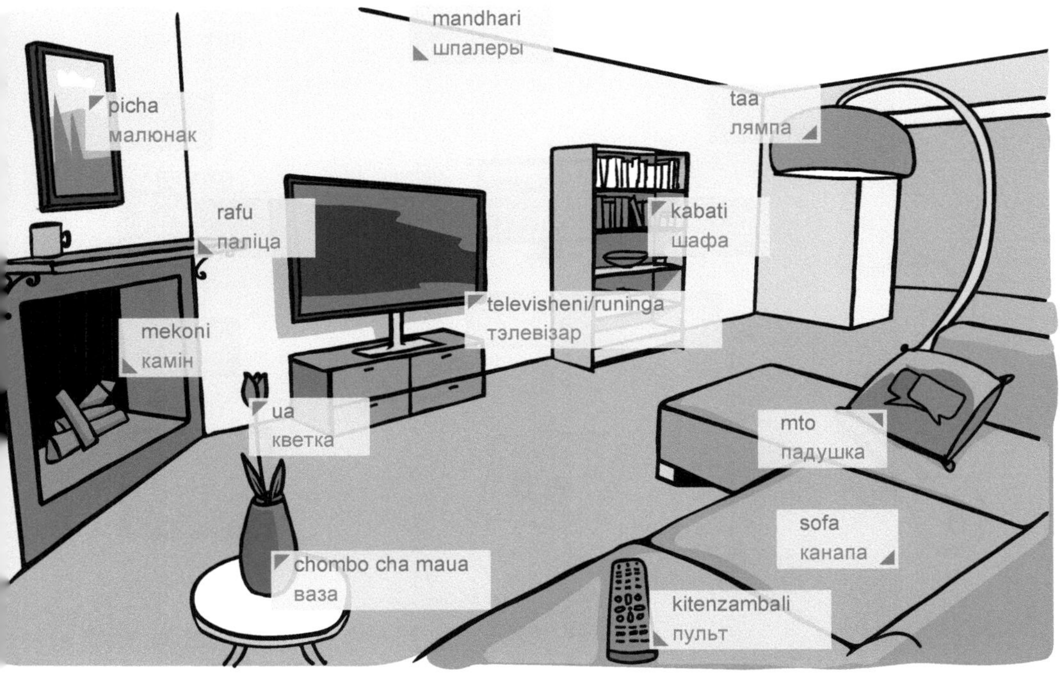

mandhari
шпалеры

picha
малюнак

taa
лямпа

rafu
паліца

kabati
шафа

televisheni/runinga
тэлевізар

mekoni
камін

ua
кветка

mto
падушка

sofa
канапа

chombo cha maua
ваза

kitenzambali
пульт

zulia

дыван

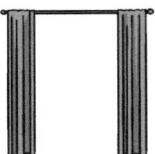

pazia

фіранка

meza

стол

kiti

крэсла

kiti cha bembea

крэсла-качалка

armchair

крэсла

kitabu

кніга

blanketi

коўдра

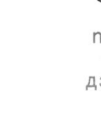

mapambo

дэкарацыя

kuni

дровы

filamu

кіно

kifaa cha hi-fi

стэрэасістэма

ufunguo

ключ

gazeti

газета

uchoraji

карціна

bango

постар

redio

радыё

daftari

нататнік

kifyonza

пыласос

dungusi kakati

кактус

mshumaa

свечка

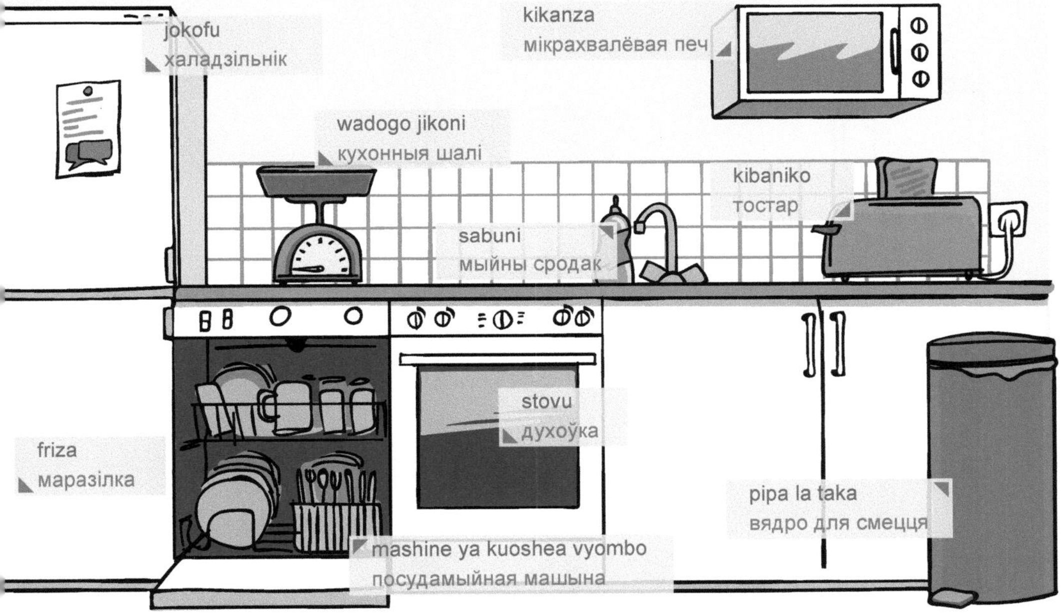

jokofu
халадзільнік

kikanza
мікрахвалёвая печ

wadogo jikoni
кухонныя шалі

kibaniko
тостар

sabuni
мыйны сродак

friza
маразілка

stovu
духоўка

pipa la taka
вядро для смецця

mashine ya kuoshea vyombo
посудамыйная машына

jiko la kupika

пліта

chungu

рондаль

sufuria ya chuma

чыгунок

wok / kadai

Вок / кадаі

kaango

патэльня

birika

чайнік

stima

параварка

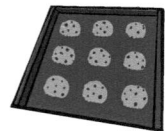

sinia ya kuoka

бляха

vyombo vya udongo

посуд

kombe

кубак

bakuli

міска

vijiti vya kulia

палачкі для ежы

ukawa

чарпак

mwiko mpana

лапатачка

burashi

збівалка

kichujio

сіта для варэння

chujio

сіта

mbuzi

тарка

chokaa

ступка

barbeque

грыль

moto wazi

вогнішча

ubao wa majaribio

дошка

kijiti cha kusukuma unga

качалка

kizibuo

штопар

kopo

бляшанка

inaweza kopo

адкрывалка

kishikio cha chungu

прыхваткі

karo

ракавіна

brashi

шчотка

sifongo

губка

kisagaji matunda

міксер

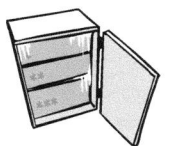

friji ya kina

маразільная камера

chupa ya mtoto

бутэлечка

bomba

вадаправодны кран

bafu
ванная

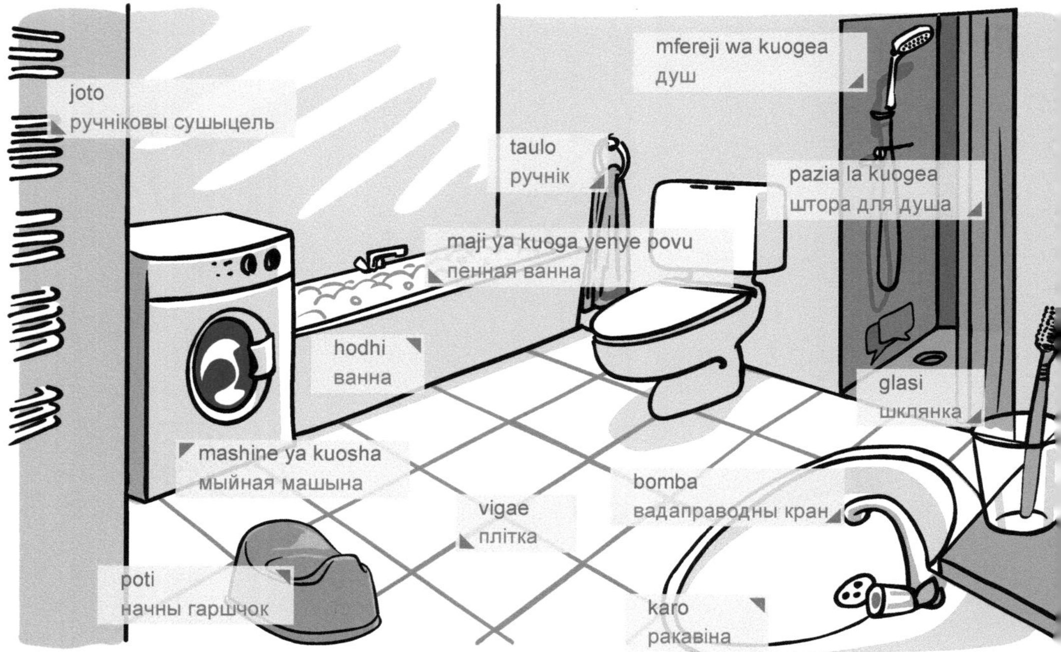
joto
ручніковы сушыцель
mfereji wa kuogea
душ
taulo
ручнік
pazia la kuogea
штора для душа
maji ya kuoga yenye povu
пенная ванна
hodhi
ванна
glasi
шклянка
mashine ya kuosha
мыйная машына
bomba
вадаправодны кран
vigae
плітка
poti
начны гаршчок
karo
ракавіна

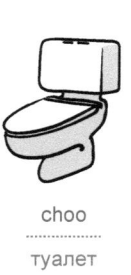

choo
туалет

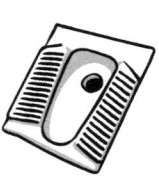

choo cha squat
падлогавы ўнітаз

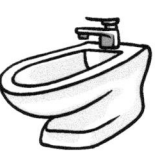

beseni la mviringo
бідэ

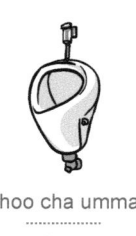

choo cha umma
пісуар

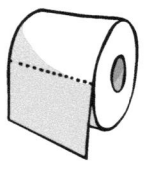

shashi
туалетная папера

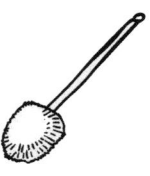

brashi ya choo
шчотка для чысткі ўнітаза

mswaki

зубная шчотка

dawa ya meno

зубная паста

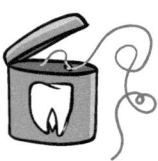

dawa ya meno

зубная нітка

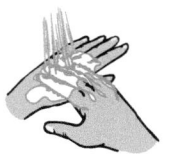

safisha

мыць

kuoga mkono

ручны душ

msukumo wa maji

інтымны душ

bonde

умывальнік

mpako wa pili

шчотка для спіны

sabuni

мыла

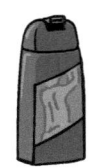

jeli ya kuogea

гель для душа

shampuu

шампунь

flana

вяхотка

toa maji

вадасцёк

krimu

крэм

kiondoa harufu

дэзадарант

kioo

люстэрка

kioo mkono

касметычнае люстэрка

kinyozi

станок для галення

povu la kunyoa

пена для галення

baada ya kunyoa

ласьён пасля галення

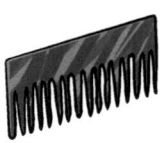

kichana

грэбень

brashi

шчотка

kikausha nywele

фен

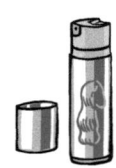

marashi ya nyewele

лак для валасоў

vipodozi

касметыка

kidomwa

памада

varnish ya msumari

лак для пазногцяў

pamba

вата

mkasi wa kucha

манікюрныя нажніцы

manukato

духі

mkoba wa kuosha

касметычка

kinyesi

табурэтка

mizani

вагі

nguo ya kuoga

лазневы халат

glavu za mpira

санітарныя пальчаткі

kisodo

тампон

sodo

гігіенічныя пракладкі

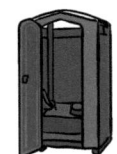

kemikali choo

біятуалет

chumba ya mtoto

дзіцячы пакой

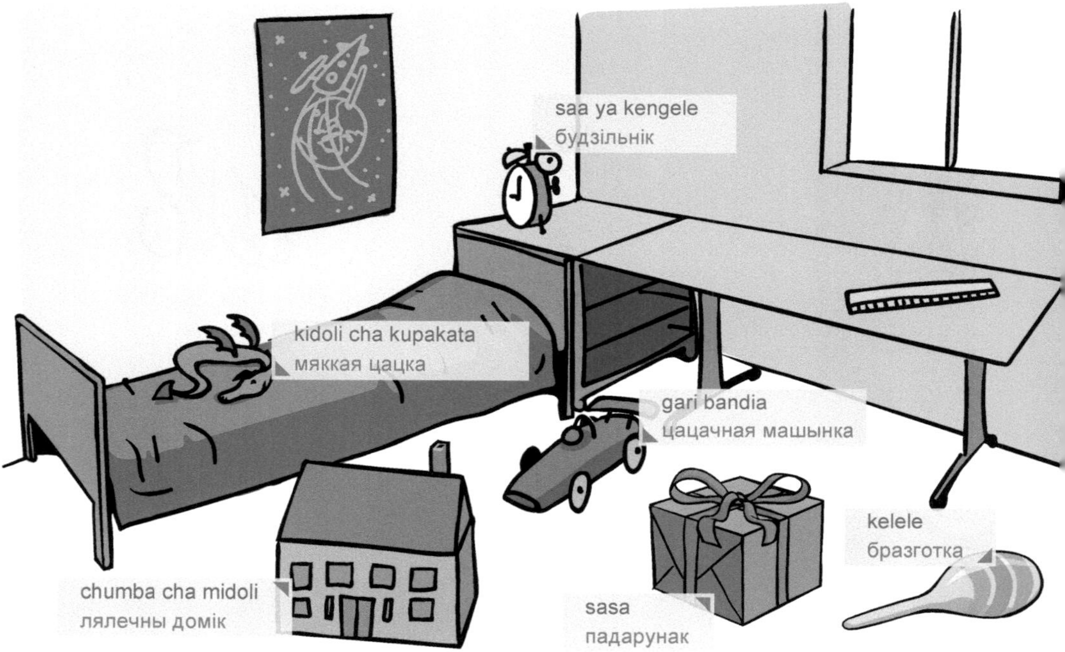

saa ya kengele
будзільнік
kidoli cha kupakata
мяккая цацка
gari bandia
цацачная машынка
kelele
бразготка
chumba cha midoli
лялечны домік
sasa
падарунак

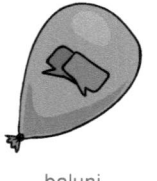

baluni

надзіманы шарык

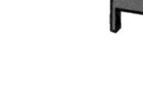

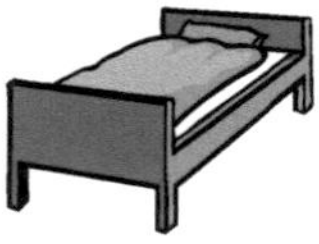

kitanda

ложак

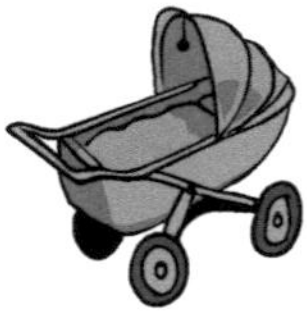

mashua

дзіцячая каляска

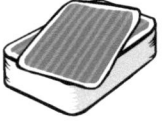

staha ya kadi

калода картаў

mchezo-fumb

пазл

SUPER
MEGA

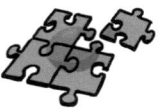

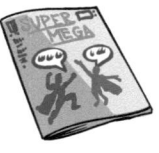

vichekesho

комікс

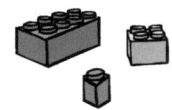

matofali lego

канструктар "Лега"

vitalu mwigo

канструктар

hatua takwimu

экшэн-фігурка

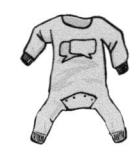

suti ya kulalia

дзіцячы гарнітур

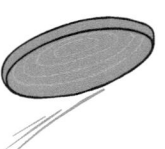

kisahani

фрызбі

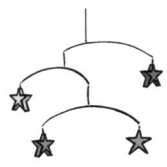

simu

дзіцячы мабіль

ubao wa michezo

настольная гульня

kete

кубік

garimoshi mwigo

дзіцячая чыгунка

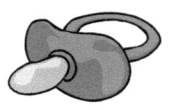

dummy

пустышка

chama

дзіцячае свята

picha kitabu

кніга з малюнкамі

mpira

мячык

kikaragosi

лялька

kucheza

гуляцца

shimo la mchanga

пясочніца

bembea

арэлі

vitu bandia

цацкі

kiweko cha video ya mchezo

гульнявая відэа прыстаўка

baiskeli ya magurudumu

трохколавы ровар

matatu

mwanasesere

плюшавы мішка

kabati

шафа

nguo

адзенне

soksi

шкарпэткі

stokingi

панчохі

kibano

калготкі

skafu
шалік

mwavuli
парасон

ukanda
рамень

fulana
цішотка

viatu
боты

ndara
пантоплі

wakufunzi
красоўкі

malapa
сандалі

viatu
абутак

mabuti ya mpira
гумовыя боты

suruali ya ndani
трусы

sidiria
бюстгальтар

fulana
майка

mwili

бодзі

suruali

штаны

dangirizi

джынсы

sketi

спадніца

blauzi

блузка

shati

кашуля

vuta

джэмпер

sweta

талстоўка

bleza

блэйзер

jaketi

куртка

koti

паліто

koti la mvua

дажджавік

maleba

касцюм

gauni

сукенка

mavazi ya harusi

вясельная сукенка

suti

касцюм

vazi la usiku

начная сарочка

pajama

піжама

sari

сары

skafu

хустка

kilemba

цюрбан

burka

паранджа

kaftan

каптан

abaya

Абая

vazi la kuogelea

купальнік

vazi la kiume la kuogelea

плаўкі

kaptura

шорты

teitei

спартыўны касцюм

aproni

фартух

glavu

пальчаткі

kifungo

гузік

glasi

акуляры

bangili

бранзалет

mkufu

каралі

pete

кальцо

herini

завушніца

kofia

кепка

kiango cha koti

вешалка

kofia

капялюш

tai

гальштук

zipu

маланка

kofia

шлем

kanda za suruali

падцяжкі

sare za shule

школьная форма

sare

уніформа

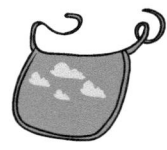

bibu

нагруднік

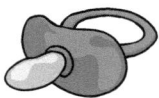

dummy

пустышка

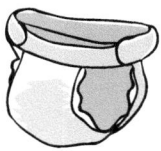

nepi

падгузнік

ofisi

офіс

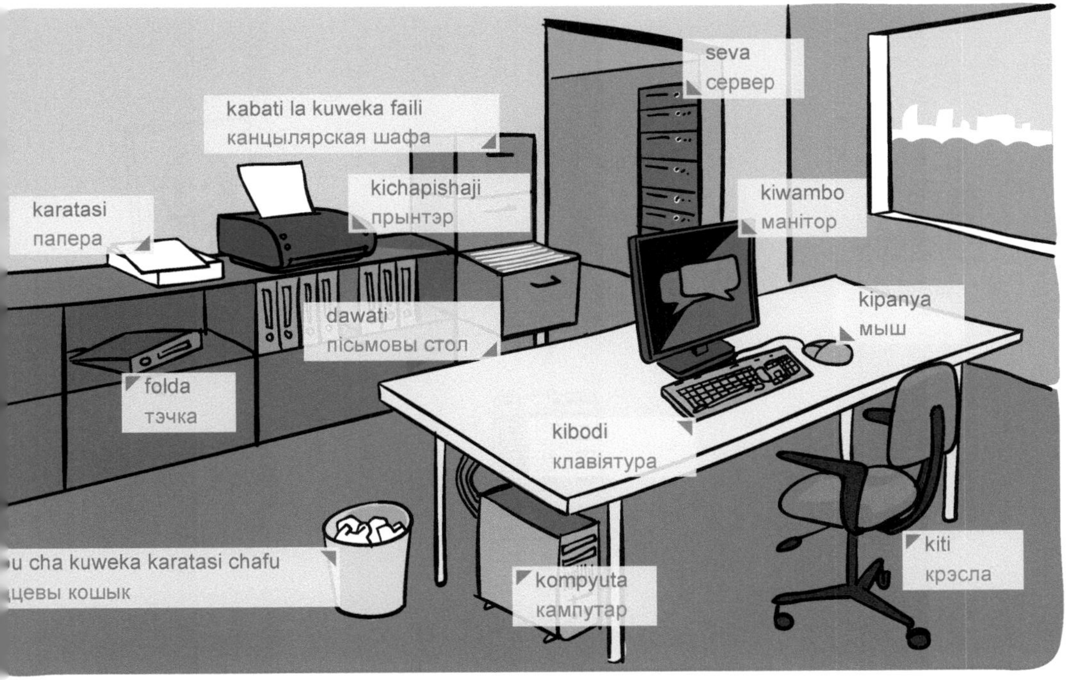

seva
сервер
kabati la kuweka faili
канцылярская шафа
kichapishaji
прынтэр
karatasi
папера
kiwambo
манітор
dawati
пісьмовы стол
kipanya
мыш
folda
тэчка
kibodi
клавіятура
u cha kuweka karatasi chafu
цевы кошык
kiti
крэсла
kompyuta
кампутар

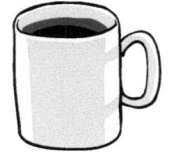

kmobe la kahawa

кубак для кавы (філіжанка)

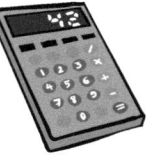

kikokotoo

калькулятар

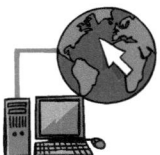

biashara

інтэрнэт

mbali

ноўтбук

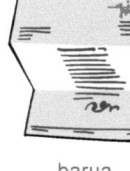

barua

ліст

ujumbe

паведамленне

rununu

мабільны тэлефон

intaneti

сетка

fotokopia

ксеракс

programu

праграмнае забеспячэнне

simu

тэлефон

soketi

разетка

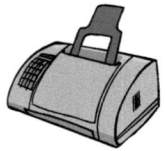

kipepesi

факс

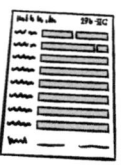

fomu

фармуляр

hati

дакумент

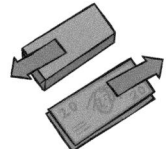

kununua

купляць

kulipa

плаціць

biashara

гандляваць

fedha

грошы

dola

долар

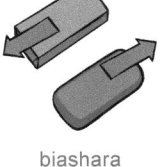

yuro

еўра

yeni

ена

rouble

рубель

faranga ya Uswisi

франк

renminbi yuan

кітайскі юань

rupia

рупія

eneo la kulipia

банкамат

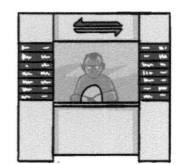

ofisi ya ubadilishanaji

абменны пункт

dhahabu

золата

fedha

срэбра

mafuta

нафта

nishati

энергія

bei

цана

mkataba

кантракт

kodi

падатак

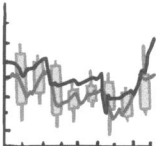

bidhaa

акцыя

kazi

працаваць

mfanyakazi

служачы

mwajiri

працадаўца

kiwanda

фабрыка

duka

крама

afisa wa polisi
паліцыянт

mzimamoto
пажарны

mpishi
кухар

daktari
доктар

rubani
пілот

mtunza bustani
садоўнік

seremala
слесар

mshonaji
швачка

hakimu
суддзя

mwanakemia
хімік

muigizaji
артыст

dereva wa basi

кіроўца аўтобуса

dereva wa teksi

таксіст

mvuvi

рыбак

mwanamke wa kusafisha

прыбіральшчыца

mwezekaji

страхар

mhudumu

афіцыянт

mwindaji

паляўнічы

mchoraji

мастак

mwokaji

пекар

umeme

электрык

mjenzi

будаўнік

mhandisi

інжынер

mchinjaji

мяснік

fundi bomba

сантэхнік

mwanaposta

паштальён

mwanajeshi

салдат

msanifu majengo

архітэктар

keshia

касір

muuza maua

фларыст

msusi

цырульнік

kondakta

кандуктар

mekanika

механік

nahodha

капітан

daktari wa meno

стаматолаг

mwanasayansi

вучоны

rabbi

рабін

imamu

імам

mtawa

манах

kasisi

святар

zana
інструменты

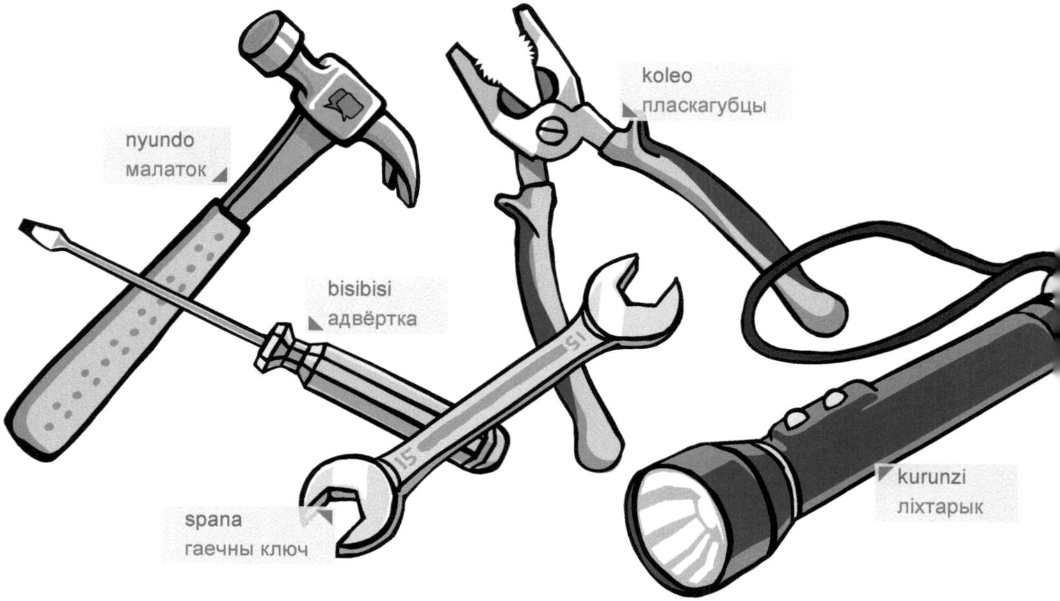

nyundo
малаток
koleo
пласкагубцы
bisibisi
адвёртка
spana
гаечны ключ
kurunzi
ліхтарык

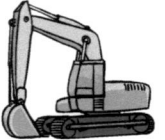

mchimbaji

экскаватар

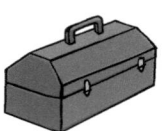

sanduku la vifaa

скрыня для інструментаў

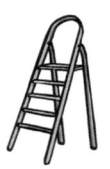

ngazi

дравіны

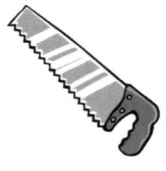

msumeno

піла

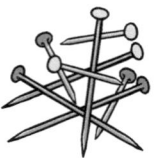

misumari

цвікі

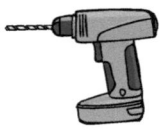

kuchimba visima

дрыль

kukarabati

рамантаваць

sepetu

рыдлеўка

Lo!

Халера!

kishikio cha uchafu

шуфлік для смецця

chungu cha rangi

вядро з фарбаю

skurubu

балты

ala za muziki

музычныя інструменты

spika
калонкі

mpangilio wa ngoma
ударны інструмент

gita
гітара

besi mara mbili
кантрабас

tarumbeta
труба

piano

піяніна

fidla

скрыпка

ubeji

басгітара

timpani

літаўры

ngoma

барабан

kibodi

клавішны электрамузычны інструмент

saksafoni

саксафон

filimbi

флейта

maikrofoni

мікрафон

bustani ya wanyama

заапарк

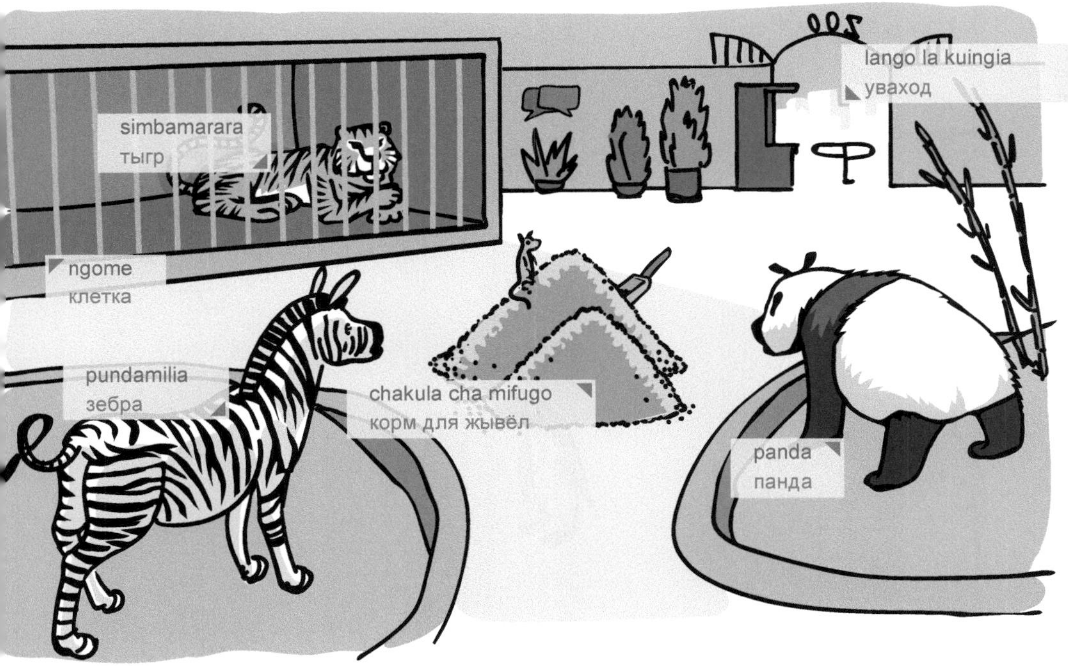

lango la kuingia
уваход
simbamarara
тыгр
ngome
клетка
pundamilia
зебра
chakula cha mifugo
корм для жывёл
panda
панда

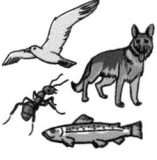

wanyama
жывёлы

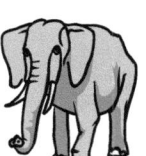

tembo
слон

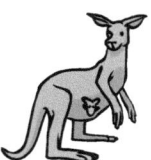

kangaruu
кенгуру

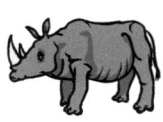

kifaru
насарог

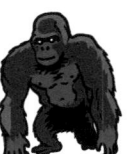

sokwe
гарыла

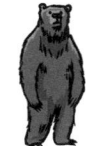

dubu
мядзведзь

ngamia

вярблюд

mbuni

стравус

simba

леў

tumbili

малпа

heroe

фламінга

kasuku

папугай

dubu

белы мядзведзь

penguini

пінгвін

papa

акула

tausi

паўлін

nyoka

змяя

mamba

кракадзіл

mtunza wanyama

наглядчык заапарка

muhuri

цюлень

jaguar

ягуар

mwanafarasi

поні

chui

леапард

kiboko

бегемот

twiga

жыраф

tai

арол

nguruwe mwitu

дзік

samaki

рыбак

kobe

чарапаха

sili

морж

mbweha

ліса

paa

газель

soka ya marekani
амерыканскі футбол

uendeshaji baiskeli
веласпорт

tenisi
тэніс

mpira wa kikapu
баскетбол

kuogelea
плаванне

ndondi
бокс

magongo ya barafuni
хакей з шайбай

soka
футбол

vinyoya
бадмінтон

riadha
лёгкая атлетыка

mpira wa mikono
гандбол

skii
горныя лыжы

polo
пола

kuruka скакаць

cheka смяяцца

kumbatia абдымаць

kutembea ісці

kuimba спяваць

ota ndoto марыць

kuomba маліцца

busu цалаваць

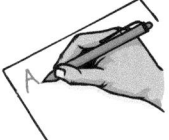

kuandika

пісаць

kuteka

маляваць

angalia

паказваць

sukuma

націснуць

kutoa

даваць

kuchukua

браць

kuwa

маць

fanya

выконваць

kuwa

быць

kusimama

стаяць

kukimbia

бегчы

vuta

цягнуць

kutupa

кідаць

kuanguka

падаць

hadaa

ляжаць

kusubiri

чакаць

kubeba

насіць

kukaa

сядзець

vaa nguo

апранацца

usingizi

спаць

kuamka

прачынацца

kuangalia

глядзець

lia

плакаць

kiharusi

лашчыць

chana nywele

прычэсвацца

ongea

гаварыць

kuelewa

разумець

kuuliza

пытаць

kusikiliza

чуць

kunywa

піць

kula

есці

nadhifisha

прыбіраць

upendo

кахаць

mpishi

гатаваць

gari

ехаць

kuruka

лятаць

meli

плаваць пад ветразем

kokotoa

лічыць

kusoma

чытаць

kujifunza

вучыць

kazi

працаваць

kuoa

уступаць у шлюб

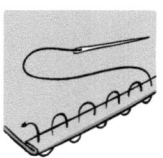

kushona

шыць

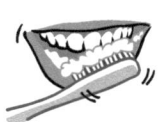

piga mswaki

чысціць зубы

kuua

забіваць

moshi

курыць

kutuma

пасылаць

bibi
бабуля

babu
дзядуля

baba
бацька

mama
маці

mtoto
дзіця

binti
дачка

bin
сын

mgeni

госць

shangazi

цётка

mjomba

дзядзька

kaka

брат

dada

сястра

mwili

цела

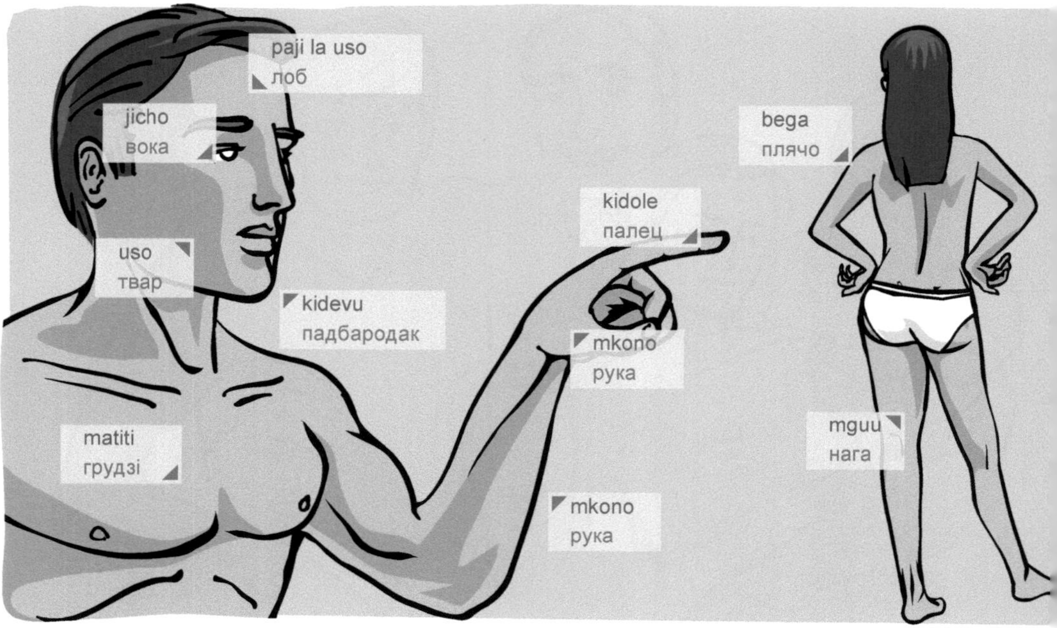

paji la uso
лоб
jicho
вока
bega
плячо
kidole
палец
uso
твар
kidevu
падбародак
mkono
рука
mguu
нага
matiti
грудзі
mkono
рука

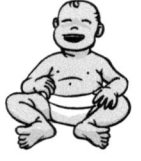

mtoto

дзіця

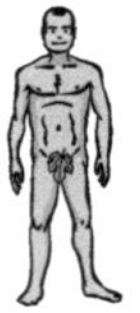

mwanamume

мужчына

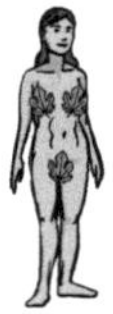

mwanamke

жанчына

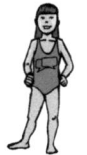

msichana

дзяўчынка

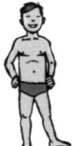

mvulana

хлопчык

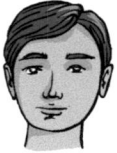

kichwa

галава

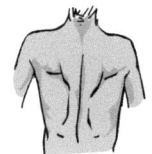

nyuma

спіна

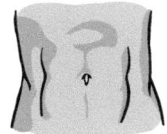

tumbo

жывот

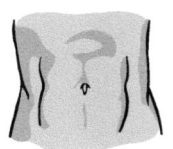

kitovu

пуп

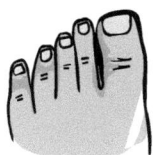

chano

палец нагі

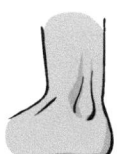

kisigino

пятка

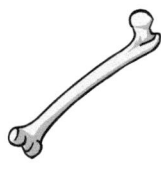

mfupa

костка

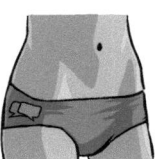

nyonga

бядро

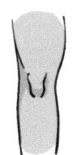

goti

калена

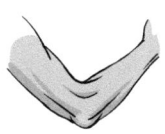

kiwiko

локаць

pua

нос

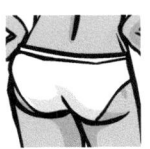

chini

ягадзіца

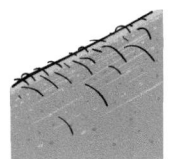

ngozi

скура

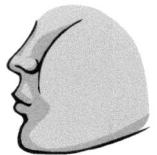

shavu

шчака

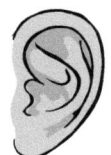

sikio

вуха

mdomo

губа

kinywa

рот

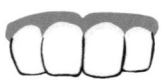

jino

зуб

ulimi

язык

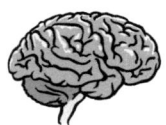

ubongo

галаўны мозг

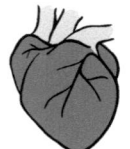

moyo

сэрца

misuli

мышца

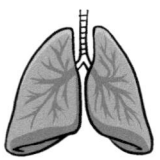

pafu

лёгкае

ini

пячонка

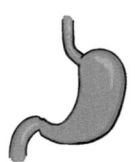

tumbo

страўнік

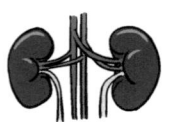

figo

ныркі

jinsia

сэкс

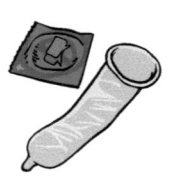

kondomu

прэзерватыў

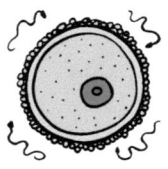

ovari

яйцаклетка

shahawa

сперма

mimba

цяжарнасць

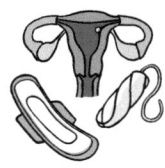

hedhi

менструацыя

uke

похва

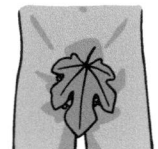

uume

пеніс

unyusi

брыво

nywele

валасы

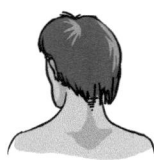

shingo

шыя

hospitali
шпіталь

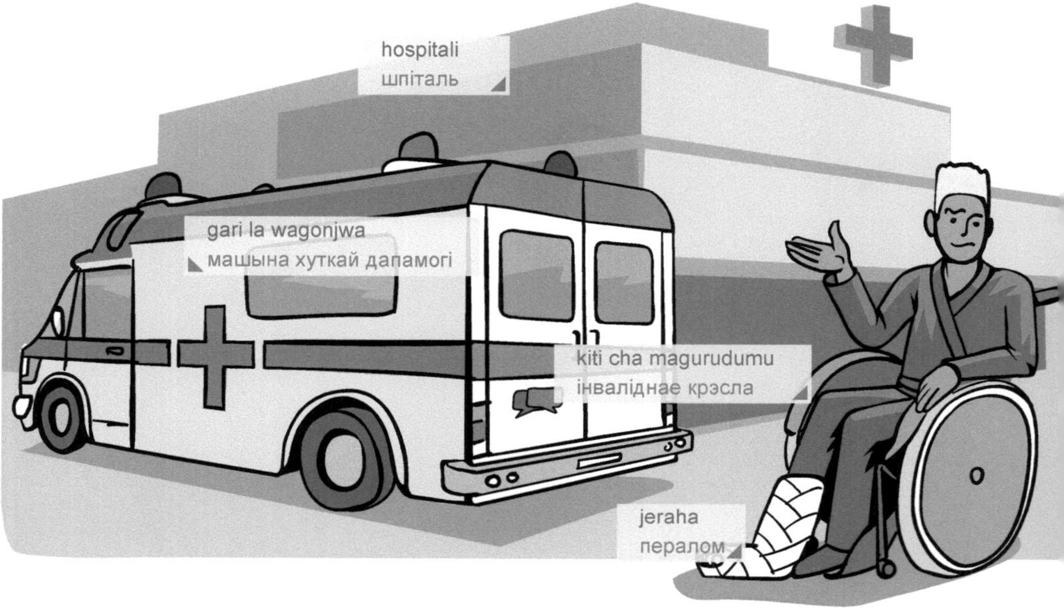

hospitali
шпіталь
gari la wagonjwa
машына хуткай дапамогі
kiti cha magurudumu
інваліднае крэсла
jeraha
пералом

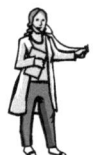

daktari

доктар

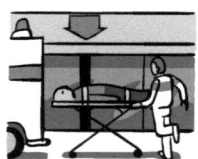

chumba cha dharura

аддзяленне першай дапамогі

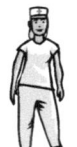

muuguzi

медсястра

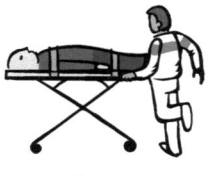

dharura

экстраная дапамога

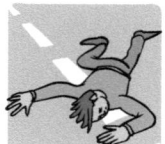

kupoteza fahamu

непрытомны

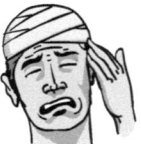

maumivu

боль

kuumia

траўма

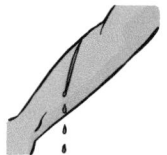

kutokwa na damu

крывацёк

mshtuko wa moyo

інфаркт

kiharusi

апаплексія

mzio

алергія

kikohozi

кашаль

homa

гарачка

mafua

грып

kuharisha

панос

maumivu ya kichwa

галаўны боль

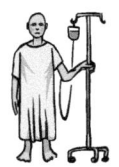

kansa

рак

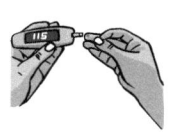

ugonjwa wa kisukari

дыябет

daktari mpasuaji

хірург

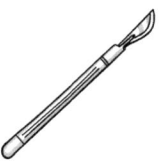

kisu kidogo cha kupasulia

скальпель

operesheni

аперацыя

hospitali - шпіталь

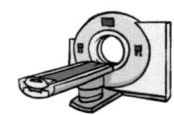

picha changanufu ya mwili

КТ

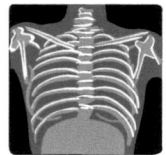

Eksrei

рэнтген

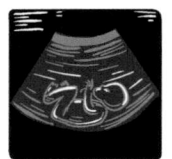

mawimbi sauti

ультрагук

barakoa ya uso

маска

ugonjwa

хвароба

chumba cha kusubiri

пачакальня

mkongojo

мыліца

plasta

пластыр

bendeji

бінт

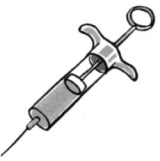

sindano

ін'екцыя

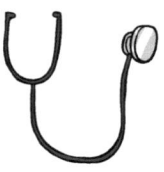

stetoskopu

стэтаскоп

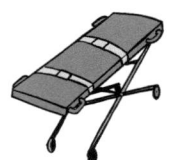

machela

насілкі

kipimajoto cha kliniki

градуснік

kuzaliwa

нараджэнне

unene kupita kiasi

лішняя вага

kusikia misaada

слухавы апарат

kipukusi

дэзінфекцыйны сродак

maambukizi

інфекцыя

virusi

вірус

VVU / UKIMWI

ВІЧ/СНІД

dawa

лекі

chanjo

прышчэпка

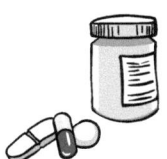

vidonge

таблеткі

kidonge

супрацьзачаткавая
таблетка

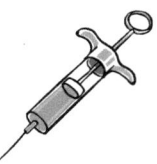

simu ya dharura

экстраны выклік

haemodainamometa

танометр

mgonjwa / mwenye afya

хворы / здаровы

Msaada!

Ратуйце!

kengele

сігналізацыя

pigo

напад

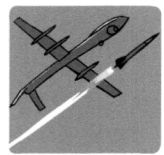

shambulizi

атака

hatari

небяспека

lango la dharura

аварыйны выхад

Moto!

Пажар!

kizima moto

вогнетушыцель

ajali

аварыя

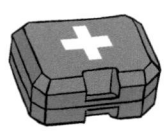

vifaa vya huduma ya kwanza

аптэчка

wito wa msaada

СОС

polisi

паліцыя

Ulaya

Еўропа

Amerika ya Kaskazini

Паўночная Амерыка

Amerika ya Kusini

Паўднёвая Амерыка

Afrika

Афрыка

Asia

Азія

Australia

Аўстралія

Atlantiki

Атлантычны акіян

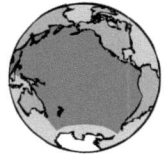

Pasifiki

Ціхі акіян

Bahari ya Hindi

Індыйскі акіян

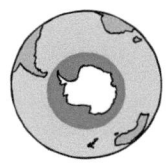

Bahari ya Antaktiki

Паўднёвы ледавіты акіян

Bahari ya Aktiki

Паўночны ледавіты акіян

Ncha ya Kaskazini

Паўночны полюс

Ncha ya Kusini

Паўднёвы полюс

Antaktika

Антарктыда

dunia

Зямля

nchi

краіна

bahari

мора

kisiwa

востраў

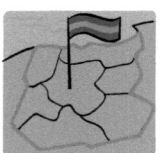

taifa

нацыя

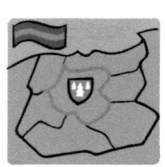

jimbo

дзяржава

uso wa saa

цыферблат

akrabu ya saa

гадзінная стрэлка

akrabu ya dakika

хвілінная стрэлка

akrabu ya sekunde

секундная стрэлка

Ni saa ngapi?

Колькі часу?

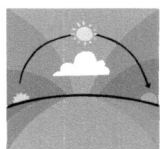

siku

дзень

wakati

час

sasa

зараз

saa ya dijitali

электронны гадзіннік

dakika

хвіліна

saa

гадзіна

тыдзень

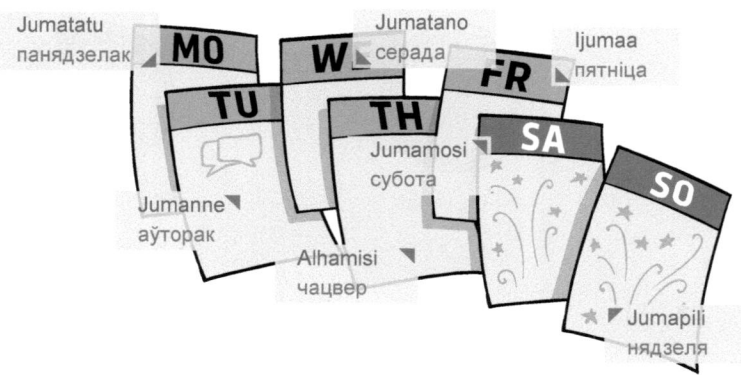

Jumatatu — панядзелак
Jumanne — аўторак
Jumatano — серада
Alhamisi — чацвер
Ijumaa — пятніца
Jumamosi — субота
Jumapili — нядзеля

jana

ўчора

leo

сёння

kesho

заўтра

asubuhi

раніца

saa sita mchana

абед

jioni

вечар

siku za biashara

працоўныя дні

mwishoni mwa wiki

выхадныя

mwaka

год

mvua
дождж
upinde wa mvua
вясёлка
upepo
вецер
theluji
снег
majira ya machipuko
вясна
vuli
восень
kiangazi
лета
majira ya baridi
зіма

4.APRIL 11°
5.APRIL 4°
6.APRIL 13°
7.APRIL 8°
8.APRIL 10°

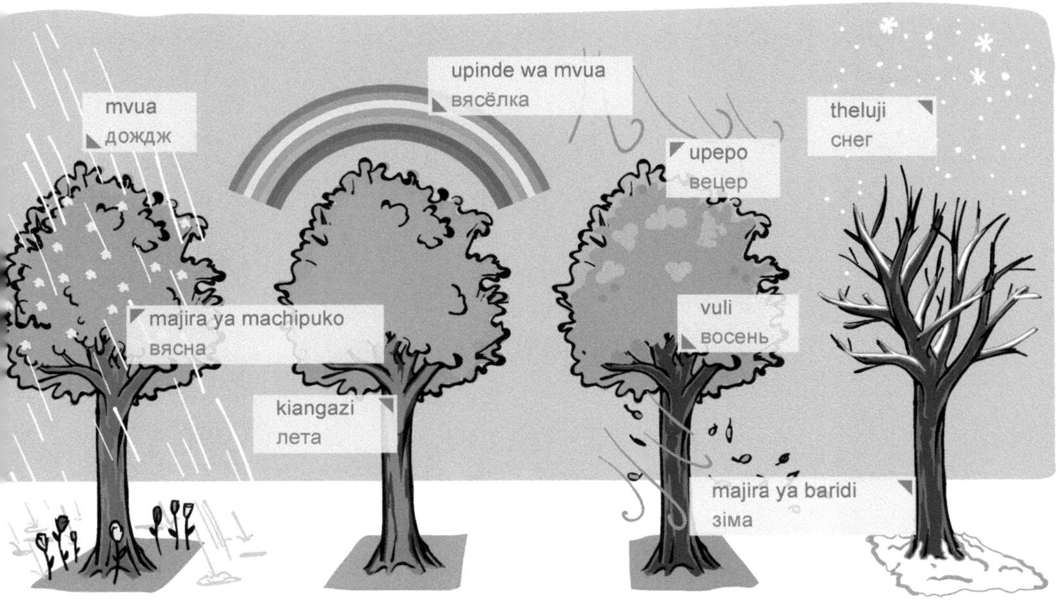

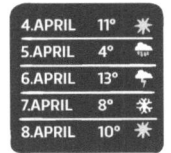

utabiri wa hali ya hewa

прагноз надвор'я

F C
120 40
90 30
60 20
30 10
0 0
-30 -10
-20

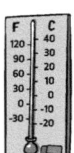

kipimajoto

градуснік

mwanga wa jua

сонечнае святло

wingu

воблака

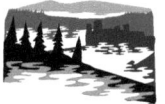

ukungu

туман

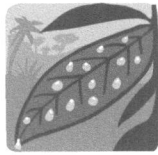

unyevu

вільготнасць паветра

umeme

маланка

radi

гром

dhoruba

бура

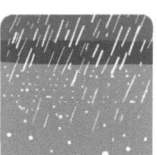

mvua ya mawe

град

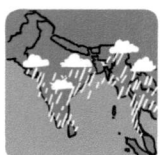

monsuni

мусонны вецер

mafuriko

прыліў

barafu

лёд

Januari

студзень

Februari

люты

Machi

сакавік

Aprili

красавік

Mei

май

Juni

чэрвень

Julai

ліпень

Agosti

жнівень

mwaka - год

Septemba

верасень

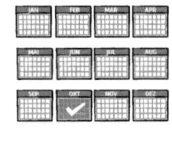

Oktoba

кастрычнік

Novemba

лістапад

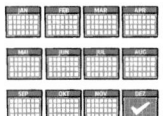

Desemba

снежань

mduara

круг

mraba

квадрат

mstatili

прамавугольнік

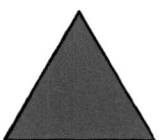

pembetatu

трохвугольнік

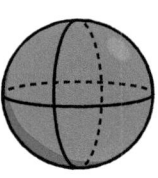

nyanja

шар

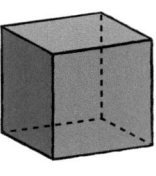

mchemraba

куб

nyeupe

белы

manjano

жоўты

chungwa

аранжавы

rangi ya waridi

ружовы

nyekundu

чырвоны

hudhurungi

фіялетавы

bluu

сіні

kijani

зялёны

hanja

карычневы

jivujivu

шэры

nyeusi

чорны

mengi / kidogo

шмат / мала

hasira / pole

злы / добры

nzuri / mbaya

прыгожы / брыдкі

mwanzo / mwisho

пачатак / канец

kubwa / ndogo

высокі / малы

angavu / giza

светлы / цёмны

kaka / dada

сястра / брат

safi / chafu

чысты / брудны

kamilika / tokamilika

поўны / няпоўны

siku / usiku

дзень / ноч

wafu / hai

мёртвы / жывы

pana / nyembamba

шырокі / вузкі

kulika / kutolika

ядомы / неядомы

ovu / ema

злы / добры

sisimkwa / udhika

узбуджаны / нудны

nene / nyembamba

тоўсты / тонкі

kwanza / mwisho

першы / апошні

rafiki / adui

сябар / вораг

jaa / tupu

поўны / пусты

ngumu / laini

цвёрды / мяккі

nzito / nyepesi

важкі / лёгкі

njaa / kiu

голад / смага

mgonjwa / mwenye afya

хворы / здаровы

haramu / kisheria

нелегальны / легальны

akili / kijinga

разумны / дурны

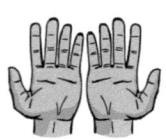

kushoto / kulia

левы / правы

karibu / mbali

побач / далёка

mpya / kutumika

новы / былы ва ўжыванні

kitu / jambo

нічога / нешта

zee / changa

стары / малады

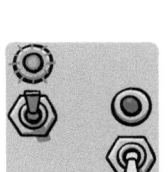

waka / zima

укл / выкл

wazi / fungwa

адчынены / зачынены

utulivu / kelele

ціхі / гучны

tajiri / masikini

багаты / бедны

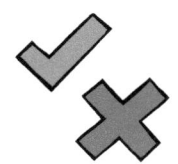

sahihi / kosa

правільна / няправільна

mbaya / laini

шурпаты / гладкі

huzunika / furahia

сумны / шчаслівы

fupi /ndefu

кароткі / доўгі

polepole / haraka

павольны / хуткі

nyevu / kavu

вільготны / сухі

joto / baridi

цёплы / халаднаваты

vita / amani

вайна / мір

0

sufuri

нуль

1

moja

адзін

2

mbili

два

3

tatu

тры

4

nne

чатыры

5

tano

пяць

6

sita

шэсць

7

saba

сем

8

nane

восем

9

tisa

дзевяць

10

kumi

дзесяць

11

kumi na moja

адзінаццаць

12

kumi na mbili

дванаццаць

13

kumi na tatu

трынаццаць

14

kumi na nne

чатырнаццаць

15

kumi na tano

пятнаццаць

16

kumi na sita

шаснаццаць

17

kumi na saba

сямнаццаць

18

kumi na nane

васямнаццаць

19

kumi na tisa

дзевятнаццаць

20

ishirini

дваццаць

100

mia

сто

1.000

elfu

тысяча

1.000.000

milioni

мільён

Kiingereza

англійская

Kiingereza cha Marekani

англійская (Амерыка)

Kimandarini cha Uchina

кітайская мандарынская

Kihindi

хіндзі

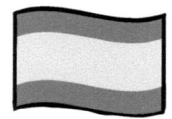

Kihispania

іспанская

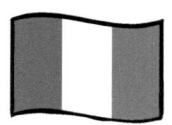

Kifaransa

французская

Kiarabu

арабская

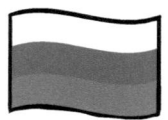

Kirusi

руская

Kireno

партугальская

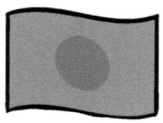

Kibengali

бенгальская

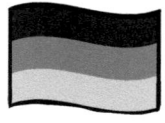

Kijerumani

нямецкая

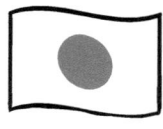

Kijapani

японская

mimi

я

wewe

ты

yeye / yeye / ni

ён / яна / яно

sisi

мы

wewe

вы

wao

яны

nani?

хто?

nini?

што?

jinsi gani?

як?

wapi?

дзе?

lini?

калі?

jina

імя

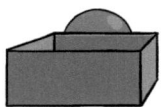

nyuma

за

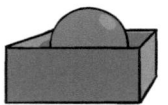

katika

у

mbele ya

перад

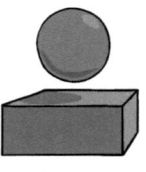

juu ya

над

kwenye

на

chini ya

пад

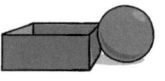

kando

каля

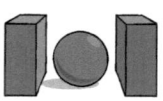

kati

паміж

mahali

месца